LE JOURNAL DU TRAVAIL DE L'OMBRE

ÉDITION LGBTQ+

CALLIE PARKER

Téléchargez GRATUITEMENT la version livre audio

Si vous aimez écouter des livres audio en déplacement, vous pouvez télécharger GRATUITEMENT la version livre audio de ce livre en vous inscrivant simplement pour un essai audio GRATUIT de 30 jours !

Scannez le code QR ou cliquez sur les liens ci-dessous pour commencer

>> Pour Audible États-Unis <<

>> Pour Audible Royaume-Uni <<

>> Pour Audible FR <<

>> Pour Audible DE <<

>>Pour Audible CA<<

>>Pour Audible AU<<

BIENVENUE à
LIBÉRER LE BONHEUR

VOTRE GUIDE DES ACTIVITÉS QUI AMÉLIORENT VOTRE HUMEUR

Embarquez pour un voyage pour améliorer votre humeur quotidienne et exploiter le pouvoir transformateur du bonheur. Dans ces pages, vous découvrirez les fondements scientifiques de la façon dont les activités peuvent améliorer considérablement votre bien-être et apprendrez pourquoi vivre de nouvelles expériences est la clé d'une vie épanouie.

Qu'allez-vous gagner avec cet eBook ?

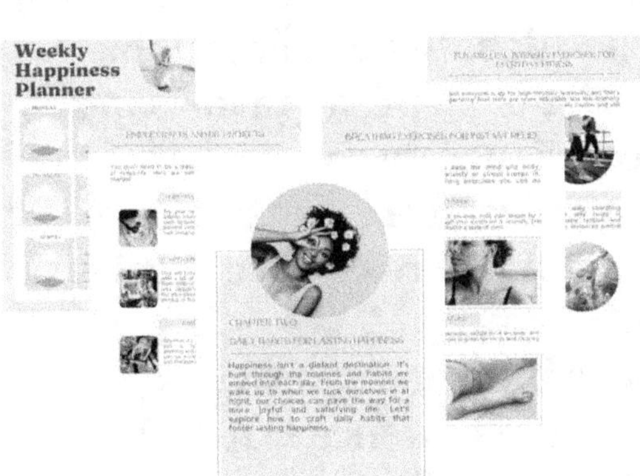

- Informations fondées sur la science
- Stratégies pratiques
- Habitudes quotidiennes
- Activités inspirantes
- Activités créatives et sociales
- Techniques de pleine conscience et de relaxation
- Planificateur personnalisable

Prêt à booster votre bonheur ? Commencez votre voyage maintenant ! Scannez le code QR ou suivez le lien ci-dessous pour rejoindre notre newsletter pour obtenir du contenu exclusif et commencer à construire votre vie joyeuse dès aujourd'hui.

Envoyez-moi mon e-book gratuit
Unlocking Happiness

"

MAXIMISEZ VOTRE EXPÉRIENCE DE TRAVAIL PARALLÈLE AVEC LE COMPANION JOURNAL

Améliorez votre voyage à travers « Shadow Work : LGBTQ+ Edition » avec le journal compagnon, conçu pour approfondir votre engagement et votre réflexion personnelle.

- **Approfondir la compréhension** : participez à des exercices qui apportent de la clarté et de la profondeur aux concepts abordés dans le livre.
- **Exploration émotionnelle** : déballer des émotions complexes en toute sécurité et en privé, favorisant ainsi une plus grande conscience de soi.
- **Suivi des progrès** : documentez votre croissance et vos découvertes, créant ainsi une ressource précieuse pour la réflexion future.
- **Exercices personnalisés** : bénéficiez d'activités adaptées spécifiquement à l'expérience LGBTQ+, améliorant ainsi la pertinence et l'impact.

Pour profiter pleinement de votre parcours de travail fantôme et en bénéficier, associez ce journal au livre principal. Obtenez votre exemplaire de « The Shadow Work Journal : LGBTQ+ Edition : Guérissez votre enfant intérieur avec des activités guidées pour l'amour de soi et l'autonomisation » dès aujourd'hui et obtenez des informations plus approfondies sur votre croissance personnelle.

Introduction au journal guidé pour accueillir l'identité LGBTQ et le travail de l'ombre

Bienvenue au Journal du travail de l'ombre : Édition LGBTQ+ : Activités guidées pour l'amour de soi et l'autonomisation. Ce journal est conçu pour accompagner et améliorer votre expérience du Travail de l'Ombre : Édition LGBTQ+. Alors que vous vous embarquez dans votre voyage de découverte de soi, de croissance personnelle et d'acceptation de votre identité, ce journal vous servira d'outil pratique et de réflexion pour approfondir votre compréhension et l'application des concepts explorés dans le livre principal.

Dans Shadow Work : LGBTQ+ Edition, nous examinons les défis uniques et les perspectives profondes associés à l'acceptation de votre véritable identité au sein de la communauté LGBTQ+. Ce journal est structuré de manière à vous guider dans les exercices et les réflexions présentés dans chaque chapitre, en vous offrant un espace pour documenter vos pensées, vos sentiments et votre évolution.

Chaque section de ce journal correspond à un chapitre de l'ouvrage principal, avec des suggestions et des activités conçues pour vous aider à intégrer les enseignements dans votre vie quotidienne. Grâce à une réflexion attentive, à l'exploration des symboles et à la reconnaissance des synchronicités, vous découvrirez des couches plus profondes de votre psyché et construirez un sens de soi plus fort et plus résistant.

En parcourant ce journal, prenez le temps de vous engager

pleinement dans chaque question et exercice. Permettez-vous d'être honnête et ouvert, en embrassant le processus de découverte de soi avec la compassion et la curiosité. Ce journal est votre espace personnel d'exploration, de réflexion et de développement.

N'oubliez pas que ce voyage est le vôtre. Utilisez ce journal comme un compagnon du livre principal, mais aussi comme un témoignage personnel de votre courage, de votre résilience et de votre engagement à vivre de manière authentique. Ensemble, le livre et le journal vous aideront à naviguer dans les complexités de l'identité, à favoriser l'acceptation de soi et à cultiver une vie d'épanouissement et de joie véritables.

Commençons ensemble ce voyage transformateur.

Objectif du journal

Dans ces pages, vous trouverez bien plus que des espaces vierges attendant l'encre. Ce journal a pour but de jouer plusieurs rôles dans votre parcours :

- Miroir de l'âme : souvent, l'acte d'écrire permet de découvrir des émotions et des prises de conscience qui se situent en deçà de notre compréhension consciente. En réfléchissant aux questions guidées, vous plongerez plus profondément dans vos sentiments, ce qui vous permettra d'établir une connexion profonde avec votre moi le plus intime.
- Un espace sûr : Ce journal est une zone sans jugement. Son seul but est de vous fournir un environnement confidentiel où vous pouvez être cru, honnête et vulnérable. Ici, chaque émotion est valable et chaque pensée est reconnue.
- Compagnon de guérison : Au cours de votre cheminement, vous rencontrerez des souvenirs et des émotions, agréables ou difficiles. L'écriture peut être thérapeutique, en aidant à traiter les traumatismes passés, à célébrer les réussites et à envisager un avenir plein d'espoir.
- Un guide pour la croissance : Les messages-guides ont été conçus non seulement pour la réflexion, mais aussi pour le développement personnel. Ils vous Ils vous mettront au défi d'affronter vos ombres, de célébrer votre identité et de visualiser un avenir en accord avec votre personnalité. identité et à visualiser un avenir en accord avec votre moi authentique.
- Un héritage de votre parcours : Au fil des pages, ce journal deviendra un témoignage de votre résilience, de votre évolution et de votre authenticité. Il constituera le récit de votre parcours unique, un récit que vous pourrez revisiter et même partager si vous le souhaitez.

Rappelez-vous qu'il n'y a pas de bonne ou de mauvaise façon d'aborder ce journal. C'est votre histoire, votre voix et votre vérité. Embarquons ensemble dans ce voyage introspectif, et espérons que vous y trouverez la clarté, la force et une meilleure compréhension de votre personne merveilleusement unique.

Importance de la réflexion dans le parcours LGBTQ

La réflexion, l'art de regarder en arrière pour aller de l'avant, occupe une place unique dans le parcours des LGBTQ. Si tout le monde, quelle que soit son identité, tire profit de l'introspection, pour les membres de la communauté LGBTQ, ce processus comporte des nuances et des couches profondément liées à leurs expériences vécues.

- Se comprendre dans un contexte complexe : Grandir en tant que LGBTQ signifie souvent naviguer dans un monde où les sentiments et l'identité d'une personne peuvent ne pas correspondre parfaitement aux normes sociétales. La réflexion aide à décoder ces expériences, à comprendre les sentiments personnels et à se détacher des attentes et des préjugés de la société.
- Traiter les traumatismes et les triomphes : le parcours des LGBTQ peut être jalonné de moments de douleur et de joie, de rejet et d'acceptation, d'isolement et de communauté. En réfléchissant à ces expériences, il est possible de traiter les traumatismes, de guérir les blessures et de célébrer les victoires personnelles.
- Se réapproprier les récits : L'acte de réflexion permet de se réapproprier des récits personnels. Dans un monde où les histoires des LGBTQ sont souvent déformées, éclipsées ou ignorées, s'asseoir avec ses expériences et les valider est un acte puissant de résistance et d'affirmation.
- Envisager un avenir meilleur : La réflexion ne consiste pas seulement à regarder en arrière, mais aussi à visualiser l'avenir. En comprenant d'où l'on vient et en reconnaissant où l'on est, la voie à suivre devient plus claire, pleine d'espoirs, de rêves et d'aspirations.
- Renforcer les liens communautaires : Le partage des réflexions au sein de la communauté peut être un acte unificateur. Entendre et être entendu, comprendre et être compris - ces moments d'introspection partagés

- construisent une tapisserie de parcours divers mais interconnectés.

Par essence, la réflexion guide l'individu LGBTQ dans les eaux tumultueuses de la découverte de soi, de l'acceptation et de la défense des droits. En s'engageant régulièrement dans cette pratique introspective, on nourrit une relation plus profonde, plus compatissante et plus forte avec soi-même et avec la communauté LGBTQ au sens large.

Comment utiliser ce journal

Bienvenue dans un espace conçu spécialement pour vous, un espace où votre voix, vos sentiments et vos expériences occupent le devant de la scène. Ce journal guidé est conçu non seulement pour documenter des moments, mais aussi pour être un outil de compréhension, de guérison et de célébration de votre parcours LGBTQ unique. Voici comment en tirer le meilleur parti :

- Établissez une routine : Bien que vous puissiez certainement tenir un journal chaque fois que l'envie vous en prend, l'établissement d'une routine régulière peut vous aider à créer un espace de réflexion constant. Qu'il s'agisse d'une activité quotidienne, hebdomadaire ou même mensuelle, choisissez la cadence qui vous convient.
- Trouvez un endroit confortable : Recherchez un endroit calme et confortable où vous vous sentez en sécurité et à l'aise. Cet espace physique peut contribuer à créer un espace mental propice à l'introspection.
- Soyez honnête avec vous-même : Le journal est un espace privé, rien que pour vous. Il n'est pas nécessaire de filtrer, d'éditer ou de censurer vos pensées. Faites preuve d'authenticité et laissez libre cours à vos sentiments.
- Participez aux messages-guides : Tout au long de ce journal, vous trouverez diverses invites conçues pour guider votre réflexion. Utilisez-les comme points de départ, mais n'hésitez pas à vous en écarter si un autre chemin s'offre à vous.
- Revoir les entrées antérieures : Au fur et à mesure que vous progressez dans la rédaction de votre journal, prenez le temps de revisiter les entrées passées. Réfléchir aux pensées passées peut vous donner un aperçu de votre croissance, des changements et des constantes dans votre vie.
- Ajoutez des images si cela vous inspire : Si vous le souhaitez, ajoutez des croquis, des gribouillis ou même des photographies à votre journal. Les images permettent de saisir des émotions et des moments comme les mots ne le feraient pas.

- Faites preuve d'autocompassion : Certaines réflexions peuvent faire ressurgir des souvenirs douloureux ou des émotions difficiles. Soyez indulgent avec vous-même. Si vous vous sentez dépassé, envisagez de demander le soutien de personnes ou de professionnels de confiance.
- Célébrez votre parcours : Rappelez-vous que chaque entrée, qu'elle soit remplie de joie, de tristesse, de confusion ou de clarté, témoigne de votre résilience, de votre croissance et de votre parcours unique dans le spectre LGBTQ. Célébrez chaque mot, chaque émotion.

Enfin, n'oubliez pas qu'il n'y a pas de « bonne " ou de " mauvaise » façon d'utiliser ce journal. Il s'agit d'un outil fluide et évolutif, qui s'adapte à vos besoins et à vos expériences. Embrassez le voyage et laissez ce journal vous accompagner sur le chemin de la compréhension, de l'acceptation et de la célébration.

Journal guidé

Journal guidé du travail fantôme édition LGBTQ+

Section 1 : Découvrir et accepter l'identité

Journaux de parcours personnel : réfléchissez aux moments de réalisation, d'acceptation et de coming-out.

Défis et triomphes : Chronique des défis rencontrés et de la manière dont ils ont été surmontés.

Identité et estime de soi : exercices pour renforcer l'amour de soi et l'acceptation de soi.

Section 2 : Archétypes et représentation

Identifier les archétypes LGBTQ+ : exploration de rôles comme The Advocate, The Trailblazer, The Healer, etc.

Forces et ombres : réfléchissez aux forces et aux pièges potentiels de chaque archétype.

Icônes et inspirations : réfléchissez aux personnalités LGBTQ+ qui vous ont inspiré ou marqué.

Section 3 : Relations, projection et intimité

Naviguer dans les relations : explorez les expériences relationnelles, qu'elles soient platoniques, familiales ou romantiques.

Faire face aux projections externes : Reconnaître les moments de préjugés et de projections externes.

Sentiments intériorisés : Plongez dans les sentiments d'homophobie, de transphobie ou d'autres luttes internes intériorisées.

Section 4 : Rêves et réalisation de soi

Carnets de rêves : Des espaces pour noter des rêves récurrents ou des voyages nocturnes marquants.

Interprétations des rêves : invites guidées pour interpréter les rêves liés aux expériences LGBTQ+.

Désirs et espoirs : Réfléchissez sur vos aspirations, vos désirs et vos visions futures.

Section 5 : Interactions sociétales et auto-représentation

Faire face au monde : explorez les sentiments lorsque vous interagissez avec la société dans son ensemble.

Moments d'auto-représentation : faites la chronique de cas où vous vous êtes défendu ou avez défendu d'autres membres de la communauté LGBTQ+.

Construire des espaces sûrs : réfléchissez à la création ou à la recherche d'environnements sûrs pour l'expression et la croissance.

Section 6 : Pleine conscience et bien-être mental

Exercices quotidiens de pleine conscience : pratiques sur mesure pour assurer le bien-être mental.

Enregistrements émotionnels : espaces réguliers pour suivre les états émotionnels et les sentiments.

Trouver un équilibre : réfléchissez à la manière d'équilibrer les nuances de l'identité LGBTQ+ avec d'autres aspects de la vie.

Section 7 : Symboles, synchronicités et croissance

Symboles LGBTQ+ et leurs significations : plongez dans la signification de divers symboles comme le drapeau arc-en-ciel, le triangle rose, etc.

Coïncidences avec signification : notez tous les événements synchronistiques et leurs significations possibles.

Adopter la croissance personnelle : Célébrez les étapes importantes et le voyage de découverte de soi.

Conclusion : Célébrer le spectre

Réfléchissez à la croissance et aux informations recueillies tout au long du processus de journalisation.

Définir des intentions et des espoirs pour l'avenir.

INTRODUCTION LE SPECTRE DU SOI

Écrivez ce qui vous a amené à choisir ce journal. Y a-t-il eu un incident, un sentiment ou un désir spécifique ?

Dans vos propres mots, décrivez-vous sans utiliser d'étiquettes. Plongez au plus profond de votre personnalité, de vos aspirations et de vos rêves.

Si votre identité était un mélange de couleurs, lesquelles seraient-elles et pourquoi ? N'hésitez pas à gribouiller, dessiner ou simplement écrire.

Rappelez-vous et notez les cas où vous vous êtes senti particulièrement fier de votre identité LGBTQ+.

Réfléchissez à un moment où vous avez été confronté à un défi lié à votre identité. Qu'avez-vous ressenti et comment l'avez-vous surmonté ?

"Être soi-même dans un monde qui essaie constamment de faire de vous quelque chose d'autre est la plus grande réussite."

Ralph Waldo Emerson

Créez un tableau de vision de ce que « Le spectre du soi »
signifie pour vous. Cela peut être numérique ou
physique, rempli d'images, de citations ou de symboles
qui résonnent avec votre identité.

1

2

3

4

5

Notez 5 affirmations qui résonnent avec votre identité LGBTQ+. Par exemple, « Je suis valide dans mes sentiments et mon identité ». ou "Mon amour est beau et digne."

Lettre à votre jeune moi

Si vous pouviez envoyer un message à une version plus jeune de vous-même, que diriez-vous ? Offrez des mots de conseils, d'encouragement et d'amour.

LE *Gratitude* POT

Quotidiennement ou hebdomadairement, notez les choses pour lesquelles vous êtes reconnaissant et qui sont liées à votre parcours LGBTQ.

Découvrir et accepter l'identité

DÉCOUVRIR ET ACCEPTER L'IDENTITÉ

Le parcours personnel de toute personne LGBTQ+ est rempli d'une tapisserie d'émotions, de révélations et de moments transformateurs. En enregistrant ces expériences, vous créez non seulement un témoignage de votre croissance, mais également un outil de réflexion pour mieux vous comprendre. Les invites ci-dessous sont conçues pour vous aider à traverser ces moments cruciaux de votre voyage.

Moment de réalisation

Décrivez la première fois où vous avez reconnu ou remis en question quelque chose concernant votre genre ou votre identité sexuelle. Quels ont été les sentiments, les pensées ou les événements entourant ce moment ?

La phase d'acceptation

Réfléchissez à la période où vous avez commencé à accepter votre identité LGBTQ+. Y a-t-il eu des défis particuliers ou des moments éclairants qui ont contribué à façonner votre acceptation ?

Chroniques à venir

Documentez votre parcours de coming-out. Avez-vous eu un moment de « coming-out » significatif ou y en a-t-il eu plusieurs ? À qui es-tu sorti en premier ? Quelles ont été les réactions, positives et négatives ?

Systèmes de support

Écrivez sur les personnes ou les communautés qui vous ont soutenu tout au long de votre voyage. Comment vous ont-ils aidé à naviguer sur votre chemin ?

Obstacles surmontés

Détaillez tous les obstacles ou défis que vous avez rencontrés liés à votre identité LGBTQ+ et comment vous avez réussi ou parvenez à les surmonter.

Création de la chronologie
Dessinez une chronologie de votre parcours personnel depuis la réalisation jusqu'à maintenant. Marquez les événements, sentiments ou rencontres significatifs.

Tableau d'humeur des émotions

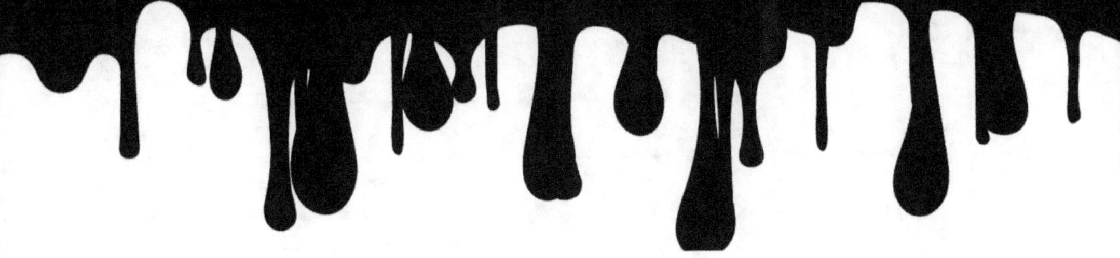

Créez un moodboard représentant la gamme d'émotions que vous avez ressenties au cours de votre voyage. Utilisez des couleurs, des images, des symboles et des mots.

Dialoguer avec le doute

Écrivez un dialogue entre vous-même actuel et les doutes ou les peurs que vous aviez ou avez encore. Permettez à votre moi actuel d'apporter réconfort et clarté à ces préoccupations.

Moments d'autonomisation

Documentez les cas où vous vous êtes senti responsabilisé et fier de qui vous êtes. Il peut s'agir de grands événements ou de simples moments du quotidien.

Leçons apprises

Quelles sont les principales leçons que votre voyage vous a apprises jusqu'à présent ?

DÉFIS ET TRIOMPHES

Faire partie de la communauté LGBTQ+ peut s'accompagner d'un ensemble unique de défis. Des pressions sociétales aux luttes internes, c'est un voyage de résilience. Mais c'est aussi une histoire de triomphes, petits et grands. Ici, nous approfondissons les deux : comprendre les défis, mais plus important encore, célébrer les victoires.

Faire face aux défis

Détaillez un défi particulier lié à votre identité LGBTQ+ auquel vous avez été confronté. Quelles émotions cela a-t-il suscité ? Comment as-tu géré cela?

Moment de triomphe

Rappelez-vous un moment où vous vous êtes senti particulièrement triomphant ou fier de votre identité. Qu'est-ce qui a rendu ce moment spécial ?

Apprendre de l'adversité

Comment un défi spécifique a-t-il transformé votre point de vue ou vos perspectives ?

Définir le succès
À quoi ressemble le triomphe pour vous en termes de votre parcours LGBTQ+ ?

"Vous avez le droit d'être à la fois un chef-d'œuvre et un travail en cours."

Sophie Bush

DÉFI
à
TRIOMPHE

Créez un organigramme décrivant un défi auquel vous avez été confronté, les étapes que vous avez suivies et comment vous l'avez finalement surmonté (ou envisagez de le surmonter).

Lettre d'appréciation

Écrivez-vous une lettre soulignant tous les triomphes que vous avez remportés. Enregistrez-le et lisez-le en cas de doute.

Mesures de croissance

Avec le recul, comment mesurez-vous votre croissance personnelle
par rapport aux défis rencontrés ?

Conseils au passé soi-même

Si vous pouviez donner des conseils à vos jeunes sur un défi
spécifique, quel serait-il ?

IDENTITÉ ET ESTIME DE SOI

Votre identité est au cœur de qui vous êtes. Dans un monde qui peut parfois remettre en question ou remettre en question cette identité, il est essentiel de cultiver une forte estime de soi. Grâce à ces exercices, nous visons à renforcer l'amour et l'acceptation que vous avez pour vous-même.

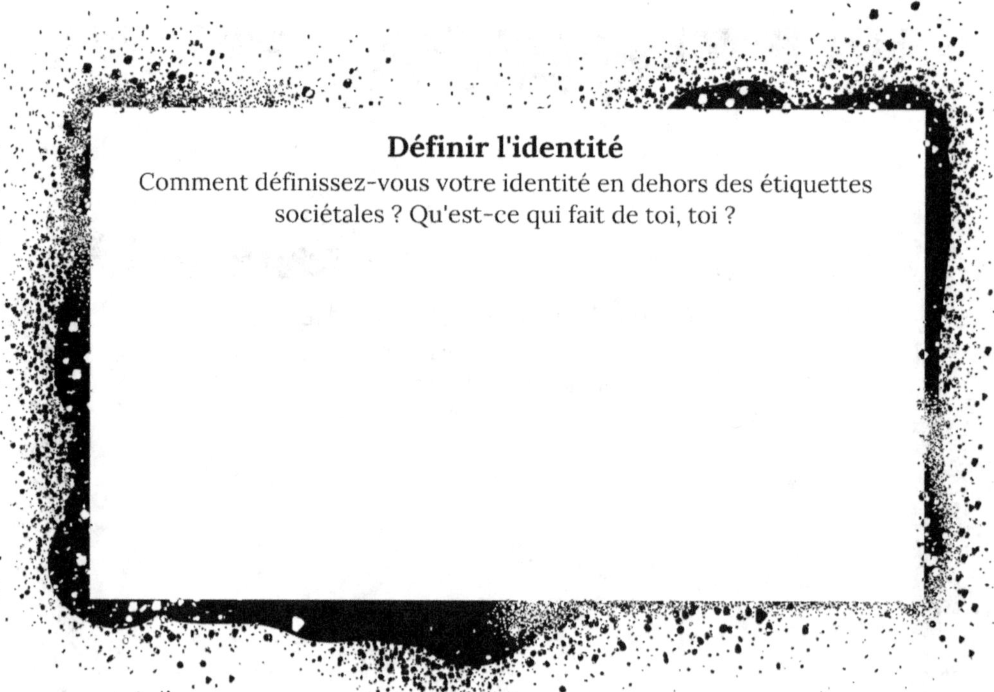

Définir l'identité

Comment définissez-vous votre identité en dehors des étiquettes sociétales ? Qu'est-ce qui fait de toi, toi ?

Moments de doute de soi

Réfléchissez aux moments de doute liés à votre identité. Qu'est-ce qui les a déclenchés et comment les avez-vous surmontés ou résolus ?

Affirmations

Notez cinq affirmations positives liées à votre identité et à votre estime de soi.

Énumérez les moments ou les aspects de votre identité
qui vous rendent particulièrement fier.

Dessinez un arbre dont les racines représentent vos fondations, le tronc vos croyances fondamentales et les branches divers aspects de votre identité.

Miroir

PARLER

Passez quelques minutes chaque jour à vous parler positivement devant un miroir, réaffirmant ainsi votre valeur et votre identité.

BLOCS DE CONSTRUCTION

♡ _______________________________

♡ _______________________________

♡ _______________________________

♡ _______________________________

♡ _______________________________

♡ _______________________________

♡ _______________________________

♡ _______________________________

♡ _______________________________

♡ _______________________________

♡ _______________________________

♡ _______________________________

♡ _______________________________

♡ _______________________________

♡ _______________________________

♡ _______________________________

Reconnaissez et énumérez les expériences et les croyances qui ont construit votre estime de soi au fil du temps.

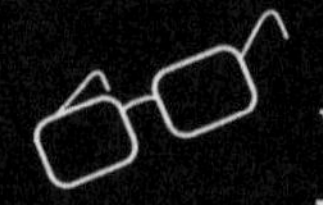

Souvenirs chéris

Réfléchissez à une époque où vous vous sentiez vraiment à l'aise et aimé dans votre peau. Qu'est-ce qui a contribué à ce sentiment ?

Surmonter le doute

Rappelez-vous une fois où vous avez eu des doutes ou des doutes quant à votre identité. Qu'est-ce qui vous a aidé à traverser cette incertitude ?

Miroir de gratitude

Tenez-vous devant un miroir et exprimez votre gratitude pour différentes parties de vous-même – qualités physiques et intangibles. Cet exercice simple mais puissant peut améliorer considérablement l'estime de soi.

Collage d'identité

Créez un collage visuel (numérique ou sur papier) qui représente diverses facettes de votre identité. Utilisez des images, des mots, des couleurs et tout ce qui vous parle. Placez-le dans un endroit que vous pouvez voir quotidiennement.

Journée de soins personnels Consacrez une journée uniquement à vous-même. Participez à des activités qui vous font vous sentir choyé, aimé et chéri. Il peut s'agir d'une journée au spa, de lecture d'un livre, d'une promenade dans la nature ou même simplement de savourer votre repas préféré.

Lettre à mon futur moi

Écrivez une lettre à votre futur moi, en soulignant toutes les choses que vous aimez chez qui vous êtes maintenant et la personne que vous espérez devenir. Conservez-le et lisez-le dans un an.

Avec prudence, demandez à vos amis proches ou à votre famille de vous décrire en cinq mots. Réfléchissez à ces mots et à ce qu'ils vous font ressentir. N'oubliez pas qu'il ne s'agit que d'un point de vue externe et ne définit pas votre intégralité.

Archétypes et représentation

IDENTIFIER LES ARCHÉTYPES LGBTQ+

Au cours de notre voyage dans la vie, nous nous retrouvons souvent attirés par des rôles ou des archétypes spécifiques qui résonnent avec nos expériences, nos aspirations et nos identités. Pour la communauté LGBTQ+, ces archétypes ne sont pas seulement des rôles mais des représentations de la force, de la résilience, de la diversité et de l'esprit qui ont ouvert la voie à des générations. Cette section vous invite à explorer et à réfléchir sur certains archétypes spécifiques aux LGBTQ+, en reconnaissant leur importance et en comprenant comment ils pourraient être liés à votre propre vie.

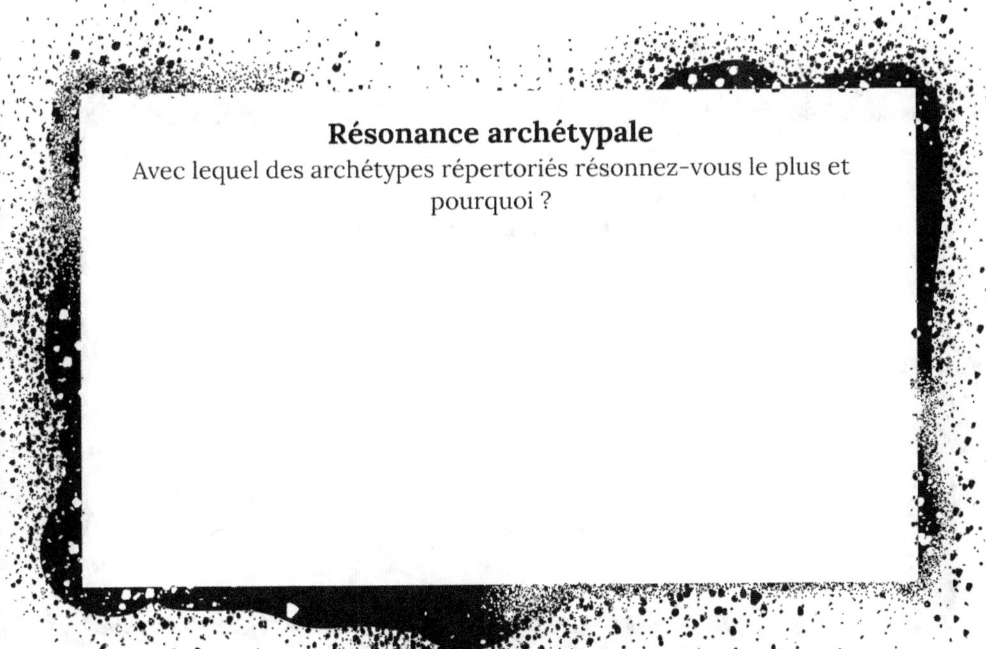

Résonance archétypale

Avec lequel des archétypes répertoriés résonnez-vous le plus et pourquoi ?

Histoires personnelles

Partagez une histoire ou un souvenir où vous avez senti que vous incarniez l'un de ces archétypes.

Aspirations futures

Quel archétype aspirez-vous à devenir et quelles mesures pouvez-vous prendre pour adopter ses qualités ?

Chiffres inspirants

Qui dans la communauté LGBTQ+ admirez-vous et qui représente l'un de ces archétypes ? Pourquoi?

« Il faut du courage pour grandir et devenir qui on est vraiment. »

E.E. Cummings

Pour chaque archétype, créez un mood board (en utilisant des images, des citations, des couleurs, etc.) qui, selon vous, représente le mieux son essence.

Pour chaque archétype, créez un mood board (en utilisant des images, des citations, des couleurs, etc.) qui, selon vous, représente le mieux son essence.

Pour chaque archétype, créez un mood board (en utilisant des images, des citations, des couleurs, etc.) qui, selon vous, représente le mieux son essence.

Courbe de croissance archétypale

Dessinez un tableau ou un graphique représentant la façon dont votre alignement avec ces archétypes a changé au fil du temps. Pour chaque archétype, trouvez ou créez une citation qui capture son essence. Réfléchissez à ces citations chaque fois que vous avez besoin de motivation.

FORCES ET OMBRES

La dualité de notre expérience humaine signifie que les forces s'accompagnent souvent d'ombres – des zones de pièges ou de défis potentiels qui peuvent découler des mêmes qualités qui nous donnent le pouvoir. Adopter un archétype ne consiste pas seulement à exploiter ses forces, mais aussi à comprendre et à naviguer dans ses ombres. Cette section est dédiée à l'introspection sur ces deux aspects, dans le but de susciter une conscience de soi et un équilibre plus profonds.

Pleins feux sur les points forts

Pour chaque archétype avec lequel vous êtes en résonance, énumérez les points forts que vous pensez qu'il possède. Comment ces forces se manifestent-elles dans votre vie ?

Les ombres dévoilées

Approfondissez les défis ou les pièges potentiels associés à chaque archétype. Avez-vous expérimenté ces ombres ? Comment les avez-vous gérés ?

Acte d'équilibre

Réfléchissez aux moments où vous avez ressenti un conflit entre les forces et les ombres d'un archétype. Comment avez-vous géré cet équilibre ?

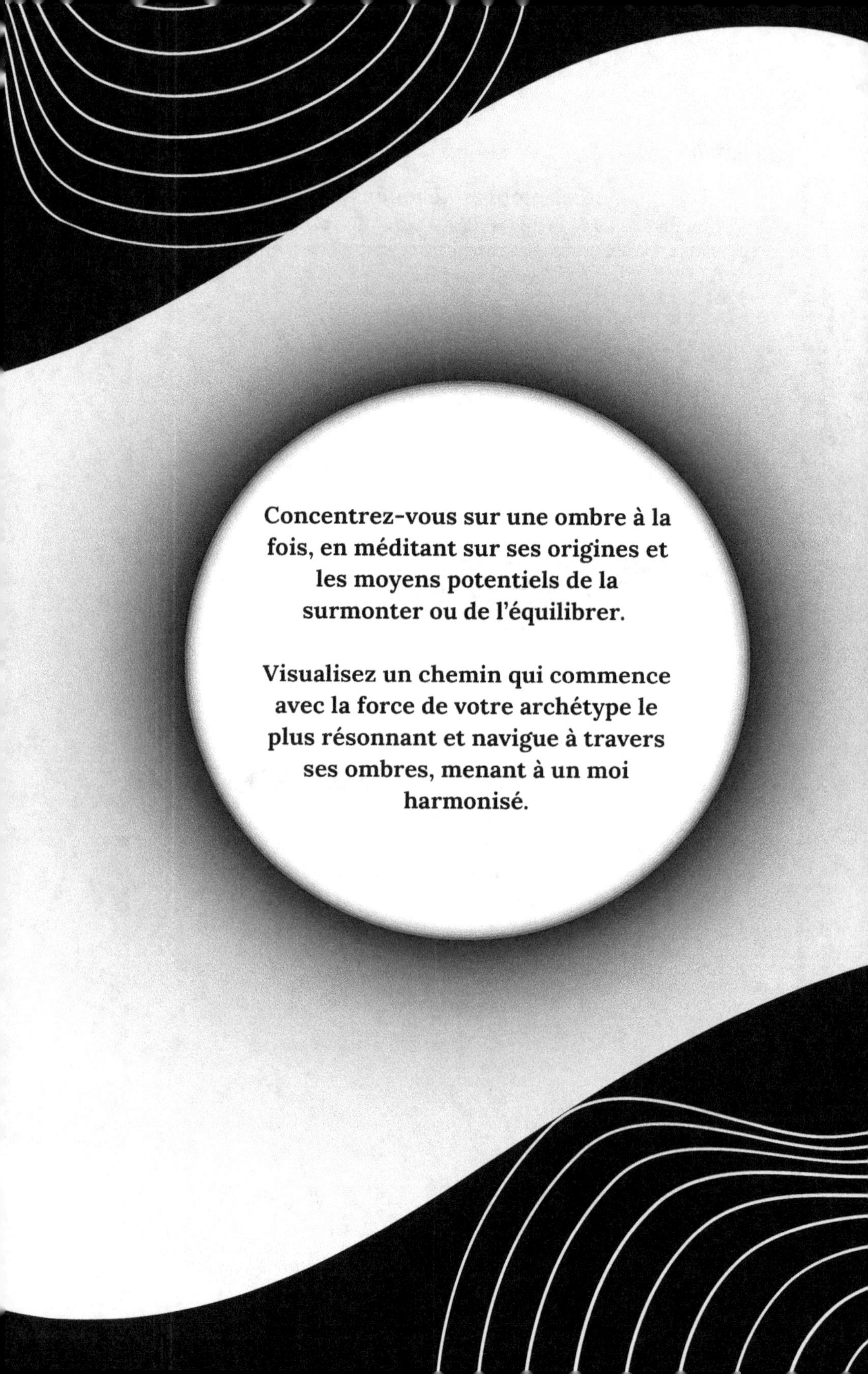

Concentrez-vous sur une ombre à la fois, en méditant sur ses origines et les moyens potentiels de la surmonter ou de l'équilibrer.

Visualisez un chemin qui commence avec la force de votre archétype le plus résonnant et navigue à travers ses ombres, menant à un moi harmonisé.

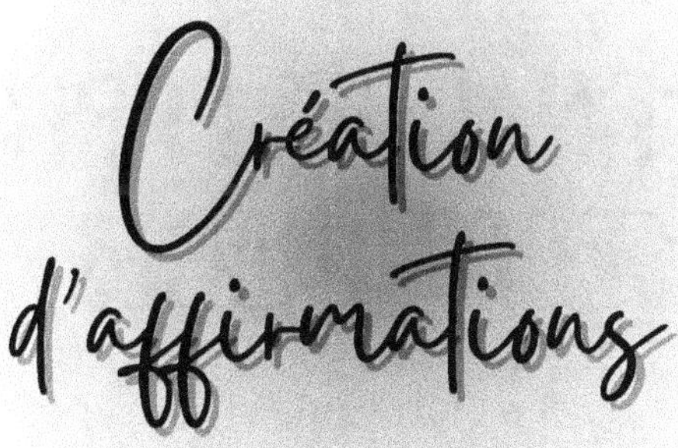

Écrivez des affirmations basées sur les forces des archétypes que vous avez choisis. Choisissez-en un chaque jour et réfléchissez-y.

JOURNAL DES FORCES ET DES OMBRES

Consacrez quelques pages à chaque archétype, en notant les cas quotidiens où vous avez exposé ses forces ou rencontré ses ombres.

Plonger dans les profondeurs des forces et des ombres offre une compréhension holistique de chaque archétype et, par extension, de nous-mêmes. Cette réflexion aide à exploiter tout le potentiel de chaque archétype, nous permettant de grandir et d'évoluer dans nos voyages uniques. N'oubliez pas qu'il ne faut pas craindre les ombres, mais les comprendre et les intégrer.

ICÔNES ET INSPIRATIONS

Tout au long de l'histoire et à l'époque contemporaine, la communauté LGBTQ+ a été honorée par de nombreuses icônes qui ont apporté des contributions significatives à la société, se sont battues pour leurs droits et ont inspiré d'innombrables personnes en étant simplement elles-mêmes. Cette section est consacrée à la reconnaissance, à la célébration et à l'inspiration de ces personnages. En réfléchissant à leurs parcours, leurs luttes et leurs triomphes, nous pouvons trouver force, conseils et compréhension sur notre propre chemin.

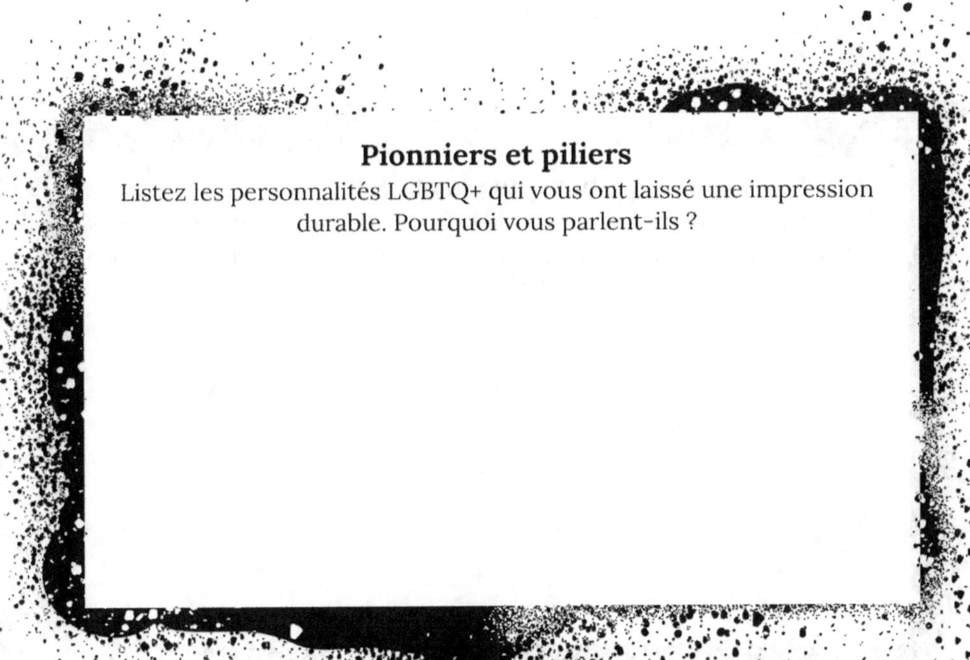

Pionniers et piliers

Listez les personnalités LGBTQ+ qui vous ont laissé une impression durable. Pourquoi vous parlent-ils ?

Moments d'impact

Souvenez-vous d'une citation, d'un discours, d'une performance ou de tout moment significatif d'une icône LGBTQ+ qui vous a profondément ému. Qu'est-ce qui a été si marquant à propos de ce moment ?

Chemins parallèles

Identifiez les expériences ou sentiments partagés entre votre parcours et celui d'une figure LGBTQ+ que vous admirez. Que ressentez-vous ces parallèles ?

Lettres de gratitude

Écrivez une lettre à une icône LGBTQ+ (passée ou présente) pour exprimer votre gratitude pour son influence et son impact sur votre vie.

Créez un tableau visuel contenant des images, des citations et des artefacts liés aux personnalités LGBTQ+ qui vous inspirent.

Se connecter aux histoires de ces icônes peut enflammer nos passions, guider nos décisions et offrir du réconfort dans les moments difficiles. Alors que nous traçons notre propre chemin, savoir que nous marchons sur les traces de géants peut être une source de force et de motivation immense. Leurs vies nous rappellent que chaque individu, quelles que soient ses origines ou son identité, a le potentiel d'avoir un impact durable.

Relations, Projection & Intimité

NAVIGUER DANS LES RELATIONS

L'expérience LGBTQ+ recoupe souvent la complexité de diverses relations. Des liens étroits avec des amis et alliés acceptants aux eaux parfois tumultueuses avec la famille, en passant par les joies et les chagrins des relations amoureuses, chaque relation apporte son propre ensemble de leçons et d'idées. Dans cette section, nous explorerons, réfléchirons et comprendrons les nuances de ces relations, favorisant ainsi la croissance et des liens plus profonds tout au long du chemin.

Les liens familiaux

Réfléchissez à vos expériences avec votre famille lorsque vous faites votre coming-out ou discutez de votre identité. Y a-t-il eu des moments d'acceptation, de résistance ou peut-être d'incompréhension ?

Amitiés et alliés

Décrivez un moment où un ami ou un allié vous a soutenu, vous a offert son soutien ou même vous a défendu. Qu'est-ce que cela vous a fait ressentir ?

Réalisations romantiques

Partagez l'histoire d'une relation ou d'une rencontre amoureuse. Qu'avez-vous appris sur vous-même, vos désirs et vos limites ?

Changer la dynamique

Comment les relations ont-elles évolué à mesure que vous grandissez dans votre identité ? Y a-t-il des liens que vous avez dû abandonner ou de nouveaux que vous avez cultivés ?

Créez une carte visuelle des relations importantes dans votre vie. Utilisez des symboles ou des couleurs pour indiquer les niveaux de soutien, de défi et de croissance dans chaque relation.

Lettres non envoyées

Écrivez une lettre à quelqu'un avec qui vous avez eu une relation difficile. Exprimez vos sentiments, vos préoccupations et vos espoirs. (Vous n'êtes pas obligé de l'envoyer, mais c'est un outil de réflexion.)

LE *Affirmation* POT

Pendant une semaine, notez sur des bouts de papier des affirmations positives ou des leçons tirées de différentes relations. Placez-les dans un bocal. Chaque fois que vous avez besoin d'un coup de pouce, retirez-en un.

Créez un tableau de vision pour le type de relations que vous souhaitez cultiver à l'avenir. Utilisez des images, des citations et des symboles qui correspondent à vos objectifs et à vos désirs.

FAIRE FACE AUX PROJECTIONS EXTERNES

Pour les personnes LGBTQ+, le monde peut parfois ressembler à une scène où les stéréotypes, les préjugés et les projections externes sont à l'honneur. Ces projections peuvent façonner les perceptions, influencer les interactions et, parfois, remettre en question l'estime de soi. Dans cette section, l'objectif est de reconnaître ces forces extérieures, de traiter les sentiments qu'elles suscitent et de se réapproprier son récit.

Stéréotypes projetés

Souvenez-vous d'un moment où quelqu'un a fait une supposition à votre sujet sur la base d'un stéréotype LGBTQ+. Qu'avez-vous ressenti et comment avez-vous géré la situation ?

Influence des médias

Pensez à une représentation LGBTQ+ dans les médias (télévision, films, littérature) qui vous semble authentique. En revanche, pensez à celui qui ressemble à un simple stéréotype. Quel est l'impact de chacun sur votre perception de vous-même ?

Navigation dans les espaces

Décrivez un cas où vous avez ressenti le poids de projections externes dans un lieu public (par exemple, lieu de travail, école, transports publics). Comment l'avez-vous parcouru ?

"*Nous ne voyons pas les choses telles qu'elles sont, nous les voyons telles que nous sommes.*"

Anaïs Nin

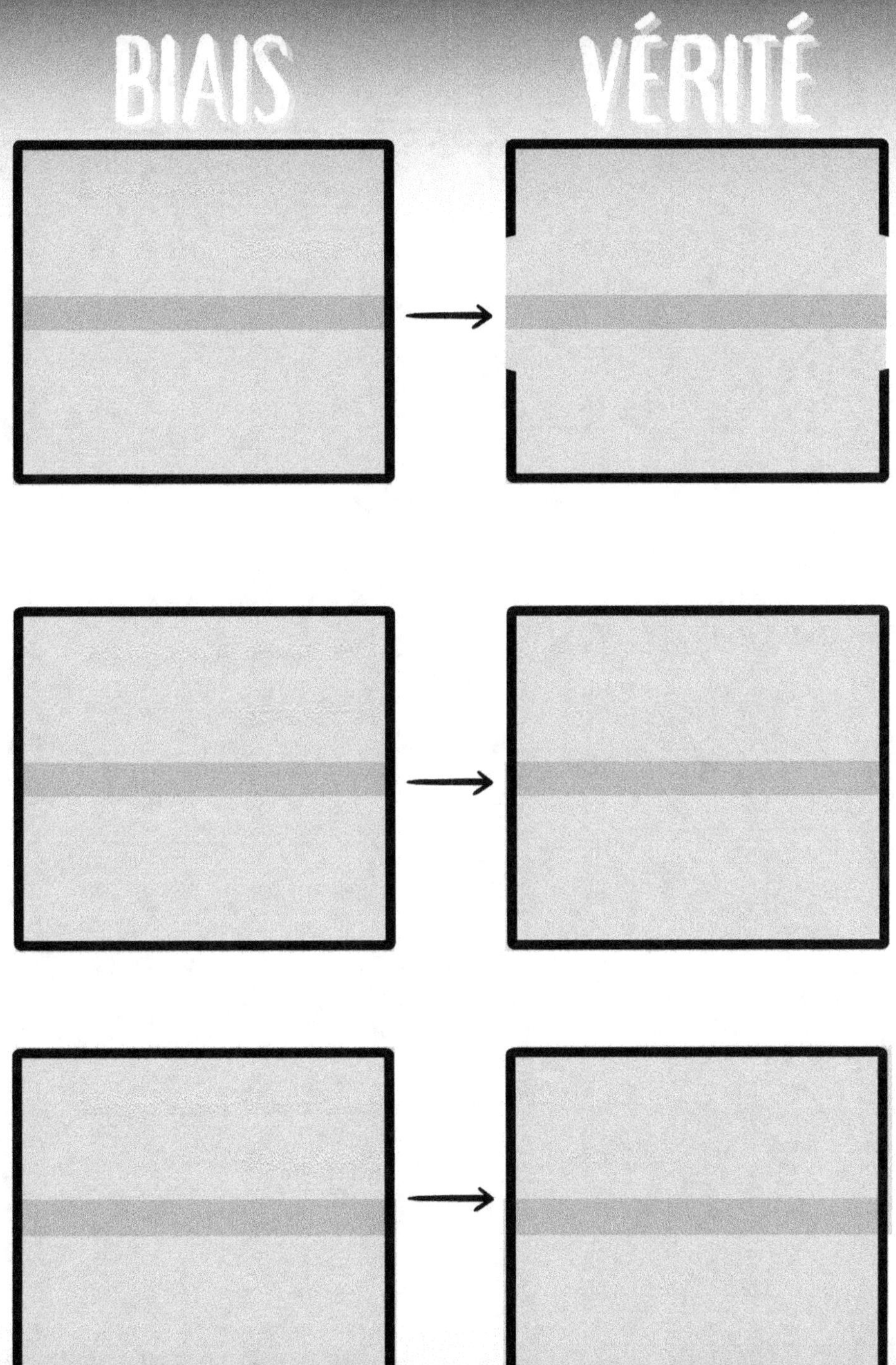

Énumérez les préjugés ou les stéréotypes courants que vous avez rencontrés. À côté de chacun, écrivez une vérité sur vous-même ou un contre-récit.

Créez une œuvre d'art, un poème ou une nouvelle qui confronte les préjugés externes et récupère votre identité.

Croissance à partir des projections

Réfléchissez à la manière dont le fait de faire face aux projections externes a contribué à votre croissance personnelle ou remodelé votre compréhension de vous-même.

Vision du changement

Imaginez un monde sans ces préjugés externes. À quoi ressemble-t-il et comment pouvez-vous contribuer à sa création ?

Faire face aux projections extérieures peut être un défi, mais cela offre également une opportunité de croissance, de résilience et d'affirmation de soi. En affrontant ces préjugés et en se réappropriant son récit, on peut construire une meilleure estime de soi et contribuer à un monde plus inclusif.

SENTIMENTS INTÉRIORISÉS

Le parcours d'une personne LGBTQ+ implique souvent de confronter non seulement des préjugés et des projections externes, mais également des sentiments et des croyances intériorisés qui découlent du conditionnement sociétal. Ces sentiments, tels que l'homophobie intériorisée, la transphobie ou les préjugés contre sa propre communauté, peuvent être profondément enracinés et difficiles à gérer. Cette section vise à fournir un espace pour reconnaître, explorer et traiter ces sentiments dans la poursuite de l'acceptation de soi et de la croissance.

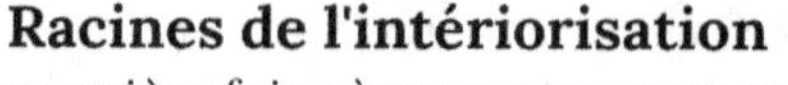

Racines de l'intériorisation

Réfléchissez à la première fois où vous avez remarqué un sentiment ou une croyance négative à propos de votre propre identité. D'où pensez-vous que cela vient ? Était-ce de la famille, des pairs, des médias ou d'ailleurs ?

Conflit et croissance

Décrivez un moment où vos sentiments intériorisés étaient en conflit avec votre véritable moi ou vos véritables sentiments. Comment avez-vous vécu ce conflit interne ?

Parler à soi-même

Faites attention à votre dialogue intérieur. Y a-t-il des moments où vous vous surprenez à penser négativement à votre propre identité ? Documentez-les et réfléchissez à leurs origines.

Conversations de guérison
Partager un moment où discuter de ces sentiments intériorisés avec quelqu'un d'autre a apporté de la clarté ou du soulagement.

"*Tout ce qui nous irrite chez les autres peut nous conduire à une compréhension de nous-mêmes.*"

Carl Jung

Lettre à soi-même

Écrivez une lettre de compassion à votre jeune moi, abordant ces sentiments intériorisés. Offrez des mots de réconfort, de sagesse et d'espoir.

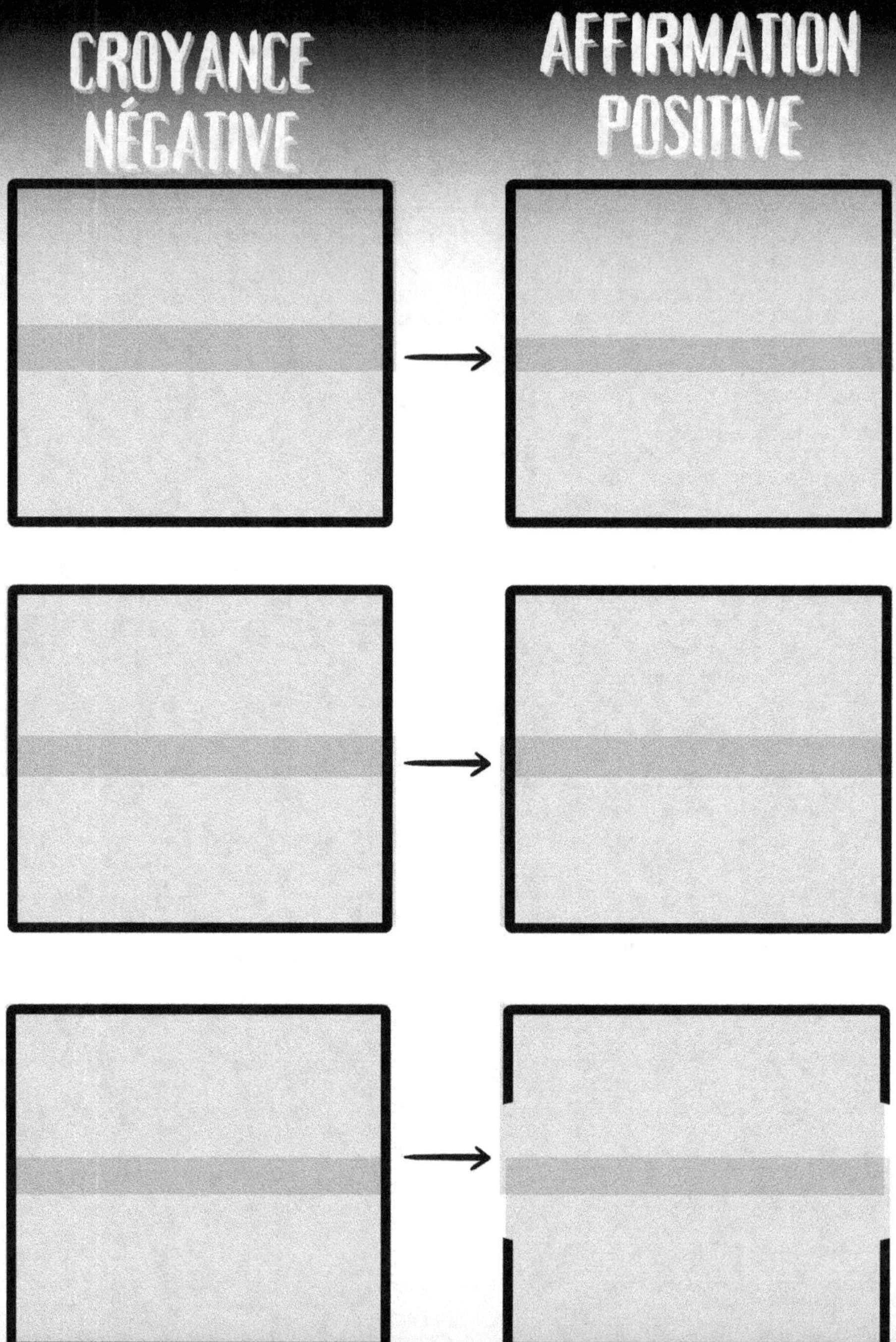# CROYANCE NÉGATIVE

AFFIRMATION POSITIVE

Énumérez les croyances ou les sentiments négatifs que vous avez intériorisés. Pour chacun, essayez de le contrecarrer avec une affirmation positive ou une vérité sur vous-même.

Remettre en question les croyances intériorisées

Pensez aux mesures que vous avez prises ou que vous aimeriez prendre pour défier et surmonter ces sentiments intériorisés.

Embrasser le voyage

Réfléchissez à la façon dont la résolution de ces luttes internes vous a rendu plus fort ou a changé votre point de vue sur l'amour-propre et l'acceptation.

Comprendre et gérer les sentiments intériorisés est crucial pour la croissance personnelle et l'acceptation de soi. En affrontant ces sentiments de front, les personnes LGBTQ+ peuvent évoluer vers un plus grand amour-propre, plus de compassion et de compréhension. C'est un voyage, et chaque pas en avant est un témoignage de résilience et de force.

Rêves et réalisation de soi

RÊVES ET RÉALISATION DE SOI

Les rêves sont le langage de notre inconscient, un pont entre notre réalité éveillée et les vastes profondeurs de nos pensées, peurs, désirs et souvenirs les plus intimes. Pour les membres de la communauté LGBTQ+, les rêves peuvent offrir un espace unique pour explorer l'identité, confronter les normes sociétales et imaginer un monde libéré des jugements extérieurs. Cette section est dédiée à la notation et à la réflexion sur les rêves qui vous parlent, qu'ils soient récurrents, très percutants ou semblent mystérieusement significatifs.

"On ne rêve pas, on est rêvé. Nous subissons le rêve, nous sommes les objets de l'action du rêve, et non l'acteur."

Carl Jung

Journal de rêves

Date:

Titre ou brève description

Détails du rêve

Décrivez le rêve avec autant de détails que vous vous en souvenez. Notez l'environnement, les personnages, les objets, les couleurs et les émotions que vous avez ressentis pendant le rêve.

Déclencheurs potentiels

Y a-t-il eu des événements ou des expériences de la veille qui auraient pu influencer ce rêve ?

Éléments récurrents

Y a-t-il des éléments dans ce rêve qui sont apparus dans des rêves précédents ? Si oui, notez-les.

Journal de rêves

Date:

Résonance émotionnelle

Qu'avez-vous ressenti au réveil lors du rêve ? Y a-t-il une émotion particulière qui vous a marqué ?

Symboles et signification

Y a-t-il des symboles, des thèmes ou des motifs dans le rêve qui sont liés à votre identité ou à vos expériences LGBTQ+ ? Réfléchissez à leur signification potentielle.

Désirs et peurs

Le rêve a-t-il révélé des désirs ou des peurs cachés ? Quel est leur rapport avec votre vie éveillée ?

Messages de l'inconscient

Parfois, les rêves véhiculent des messages ou des idées provenant de notre inconscient. Pensez-vous qu'il y a un message dans ce rêve pour vous ?

Interprétations des rêves

Les rêves peuvent souvent refléter nos désirs, nos peurs, nos défis et nos triomphes les plus intimes. Pour la communauté LGBTQ+, les rêves peuvent englober des thèmes directement liés à l'identité, à l'acceptation, aux opinions sociétales et au parcours personnel. Les invites guidées suivantes visent à vous aider à naviguer et à interpréter les rêves qui font écho à vos expériences LGBTQ+.

Avant de vous lancer dans l'interprétation, créez un environnement apaisant. Asseyez-vous confortablement, respirez profondément et rappelez-vous le rêve de la manière la plus vivante possible. Il est essentiel d'aborder l'interprétation des rêves avec un esprit et un cœur ouverts.

Thèmes d'acceptation

Le rêve impliquait-il des sentiments ou des situations d'acceptation ou de rejet ? Considérez les contextes. Étaient-ils des acceptations de soi, sociétales, familiales ou relationnelles ?

Couleurs et émotions

Y a-t-il des couleurs spécifiques qui ressortent dans votre rêve ? Les couleurs peuvent souvent représenter des émotions. Par exemple, les arcs-en-ciel peuvent signifier la fierté et l'acceptation, tandis que les gris peuvent représenter des sentiments de confusion ou d'incertitude.

Personnages et relations

Quels étaient les personnages principaux du rêve ? S'agissait-il de représentations de vos relations réelles ou de figures symboliques ? Quels rôles ont-ils joué dans le récit du rêve ?

Sentiments enfermés

Y avait-il des éléments de dissimulation ou de révélation dans le rêve ? Par exemple, se cacher dans un endroit ou sortir avec quelqu'un. Quelles émotions ces situations ont-elles suscitées ?

Symboles et signification

Y a-t-il des symboles, des thèmes ou des motifs dans le rêve qui sont liés à votre identité ou à vos expériences LGBTQ+ ? Réfléchissez à leur signification potentielle.

Transitions et transformations

Est-ce que vous ou d'autres personnages avez subi une transformation dans le rêve ? Cela pourrait symboliser la croissance personnelle, la transition ou l'évolution de l'identité personnelle.

Conflit et résolution

Y avait-il des conflits dans le rêve ? Comment ont-ils été résolus ? Cela peut faire allusion à des tensions intérieures ou à des défis externes auxquels vous êtes ou avez été confrontés.

Symboles de libération

Y a-t-il eu des moments ou des symboles de liberté, de fuite ou de libération ? Comment vous ont-ils fait ressentir ?

Environnements contextuels

Considérez le décor du rêve. Était-ce un lieu familier, un environnement passé ou un endroit totalement inconnu ? Les environnements peuvent refléter des états mentaux et émotionnels actuels ou des expériences passées.

Messages ou leçons

Y a-t-il eu des messages clairs, des leçons ou des conseils donnés dans le rêve ? Qui les a fournis et quel est leur lien avec votre parcours LGBTQ+ ?

N'oubliez pas que l'interprétation des rêves est subjective. Bien que ces invites fournissent une direction, vos sentiments, votre intuition et vos expériences personnelles jouent un rôle crucial dans la compréhension de la signification du rêve. Embrassez le voyage d'exploration de soi et de perspicacité que les rêves peuvent offrir.

DÉSIRS ET ESPOIRS

Au sein de chaque individu se trouve une tapisserie de rêves, d'aspirations et d'espoirs pour l'avenir. Pour les membres de la communauté LGBTQ+, ces désirs recoupent souvent leurs expériences, défis et triomphes uniques. Cette section propose des exercices guidés pour vous aider à introspecter vos aspirations, à visualiser un avenir débordant de possibilités et à tracer la voie vers la réalisation de vos rêves.

Exercice de mise à la terre

Commencez par quelques instants de respiration profonde. Asseyez-vous dans une position confortable, fermez les yeux et prenez quelques respirations profondes, en inspirant la positivité et en expirant tout stress ou négativité. Visualisez un espace sûr et serein où vos rêves prennent forme sans jugement ni limites.

Jalons personnels

Quelles sont les étapes importantes que vous souhaiteriez franchir au cours des prochaines années, cinq ou dix ans ? Tenez compte de domaines tels que la croissance personnelle, les relations, la carrière et le plaidoyer au sein de la communauté LGBTQ+.

Visualiser les réalisations

Imaginez une journée dans votre avenir idéal. Où es-tu? Avec qui êtes-vous? Que fais-tu? Comment ça se sent ?

Les obstacles et les surmonter

Pensez à tous les obstacles ou barrières perçus qui pourraient faire obstacle à vos aspirations. Comment pouvez-vous les aborder ou les surmonter ? N'oubliez pas que vous pouvez demander de l'aide ou des conseils si nécessaire.

Modèles de rôle et inspiration

Pensez aux personnalités ou alliés LGBTQ+ qui vous inspirent. Quelles qualités ou réalisations vous intéressent ? Comment pouvez-vous intégrer une partie de leur sagesse ou de leurs expériences dans votre voyage ?

Croissance personnelle

Réfléchissez aux domaines de croissance personnelle sur lesquels vous aimeriez vous concentrer. Y a-t-il des compétences, des qualités ou des domaines de connaissances particuliers que vous aimeriez développer ?

Affirmations pour l'avenir

Écrivez des affirmations positives qui correspondent à vos désirs et à vos espoirs. Répétez-les quotidiennement pour nourrir un état d'esprit positif et plein d'espoir.

Établir des liens

Au fur et à mesure que vous avancez, réfléchissez aux types de liens ou de communautés que vous souhaitez créer ou renforcer. Comment peuvent-ils accompagner votre parcours et vos envies ?

Héritage et impact

Réfléchissez à l'héritage ou à l'impact que vous souhaitez laisser, notamment au sein de la communauté LGBTQ+. Comment envisagez-vous de contribuer au changement positif, au soutien et au plaidoyer ?

Revoir périodiquement cette section peut apporter de la clarté, inspirer la motivation et garantir l'alignement avec vos aspirations évolutives. Célébrez chaque petite réalisation, restez authentique dans votre voyage et rappelez-vous que vos désirs et vos espoirs sont valables et réalisables.

Interactions sociales et auto-représentation

FACE AU MONDE

Vivre authentiquement dans un monde qui ne comprend pas ou n'accepte pas toujours les identités LGBTQ+ peut présenter son propre ensemble de défis et d'émotions. L'interaction avec la société, que ce soit dans les interactions quotidiennes ou dans des contextes plus larges, peut susciter toute une gamme de sentiments allant de la fierté et de l'autonomisation à la vulnérabilité et à l'appréhension. Cette section offre un espace sûr pour réfléchir à ces expériences, valider vos sentiments et trouver de la force dans votre voyage unique.

Exercice de mise à la terre

Avant de plonger dans les invites, trouvez un endroit confortable pour vous asseoir. Fermez les yeux, prenez quelques respirations profondes et visualisez un bouclier protecteur autour de vous, gardant la négativité à distance et ne laissant pénétrer que l'amour et la compréhension.

Premières impressions

Réfléchissez aux moments où vous vous êtes présenté ou avez été présenté dans un nouveau contexte (un nouvel emploi, une réunion sociale, etc.). Quels ont été vos sentiments ou appréhensions, le cas échéant ?

Expressions d'authenticité

Y a-t-il des moments ou des endroits spécifiques où vous vous sentez le plus libre d'exprimer votre véritable personnalité ? Y a-t-il des domaines dans lesquels vous sentez que vous devez cacher ou protéger des aspects de votre identité ?

Moments de fierté

Chroniquez des cas où vous avez ressenti un immense sentiment de fierté à l'égard de votre identité LGBTQ+, que ce soit pendant le mois de la fierté, des événements de plaidoyer ou des événements personnels.

Naviguer dans les microagressions

Avez-vous été confronté à des préjugés subtils ou manifestes dans vos interactions quotidiennes ? Comment les avez-vous gérés et qu'est-ce qu'ils vous ont fait ressentir ?

À la recherche d'espaces sûrs

Réfléchissez aux lieux ou aux communautés où vous vous sentez le plus accepté et compris. Qu'est-ce qui rend ces espaces sûrs et affirmés ?

Éduquer et défendre

Pensez aux moments où vous avez assumé le rôle d'éducateur ou de défenseur, par choix ou par nécessité. Quels défis et récompenses cela a-t-il apporté ?

Mécanismes d'adaptation

Comment faites-vous face ou trouvez-vous du réconfort lors d'interactions sociétales difficiles ? Y a-t-il des pratiques, des communautés ou des ressources spécifiques vers lesquelles vous vous tournez ?

Imaginer un monde plus tolérant

Rêvez un peu. À quoi ressemblerait votre vie quotidienne dans une société qui comprend et célèbre pleinement les identités LGBTQ+ ? Quels changements souhaiteriez-vous voir ?

Il est important de reconnaître et de valider vos sentiments lorsque vous naviguez dans le monde au sens large. Même si la société continue d'évoluer, des défis demeurent. Cependant, chaque réflexion et expérience partagée ajoute à la force collective et à la résilience de la communauté LGBTQ+. Revisitez ces invites chaque fois que vous avez besoin de traiter, de réfléchir ou de trouver des encouragements dans votre voyage.

MOMENTS D'AUTO-REPRÉSENTATION

Se défendre et défendre les autres, en particulier au sein des communautés marginalisées, est un acte puissant de courage, de résilience et d'amour. Ces moments d'auto-représentation créent non seulement des vagues de changement au sein de la société, mais renforcent également l'engagement de chacun en faveur de l'authenticité et de la justice. Dans cette section, vous trouverez des invites conçues pour vous aider à réfléchir aux cas où vous avez pris position, dit votre vérité ou soutenu d'autres dans leur plaidoyer.

Exercice de mise à la terre

Avant de plonger dans ces reflets, asseyez-vous confortablement, fermez les yeux et visualisez un moment de pure assurance et de force. Sentez cette énergie rayonner de l'intérieur de vous, vous ancrant dans votre vérité et votre objectif.

Moments de clarté

Réfléchissez à un moment où vous vous êtes senti obligé de vous exprimer ou de vous défendre ou de défendre quelqu'un d'autre. Qu'est-ce qui a déclenché ce besoin de plaidoyer ?

Triomphes personnels

Faites la chronique d'une victoire personnelle, quelle que soit sa taille, où vous avez défendu votre propre cause ou celle d'une autre personne LGBTQ+. Qu'avez-vous ressenti ?

Systèmes de support

Pensez aux alliés ou aux autres membres de la communauté qui vous ont soutenu pendant les moments de plaidoyer. Comment vous ont-ils soutenu ou encouragé ?

Surmonter les peurs

Y a-t-il eu des moments où la peur ou le doute ont tenté de vous empêcher de plaider ? Comment avez-vous surmonté ces sentiments ?

Apprentissage continu

Réfléchissez aux moments où vous avez peut-être commis des erreurs ou appris quelque chose de nouveau en plaidant. Comment avez-vous grandi à partir de ces expériences ?

Des défenseurs inspirants

Y a-t-il des personnes au sein de la communauté LGBTQ+ qui vous inspirent dans votre parcours de plaidoyer ? Qu'est-ce qui vous interpelle chez eux ?

Paroles de sagesse

Si vous pouviez partager un conseil ou un encouragement avec quelqu'un qui débute tout juste son parcours de plaidoyer, quel serait-il ?

Visions futures

Imaginez une situation dans laquelle vous aimeriez plaider en faveur d'un changement à l'avenir. À quoi cela ressemblerait-il et comment l'aborderiez-vous ?

N'oubliez pas que chaque acte de plaidoyer, aussi petit soit-il, contribue à la lutte plus large pour l'égalité, l'acceptation et la compréhension. En réfléchissant à votre parcours, vous célébrez non seulement votre croissance personnelle, mais vous inspirez et donnez également aux autres les moyens de prendre position. Gardez cette section à cœur et revenez-y chaque fois que vous avez besoin de vous rappeler votre force et votre objectif.

CONSTRUIRE DES ESPACES SÛRS

Chaque individu mérite un environnement dans lequel il se sent en sécurité, accepté et libre d'être lui-même. Les espaces sûrs jouent un rôle indispensable dans la promotion de la croissance personnelle, du bien-être et de la communauté. En tant que membre de la communauté LGBTQ+, créer ou rechercher ces sanctuaires peut être particulièrement crucial. Cette section vous propose de réfléchir à vos expériences avec les espaces sûrs, que vous les ayez entretenus pour vous-même ou pour d'autres.

Exercice de mise à la terre

Avant de commencer, trouvez un endroit calme, prenez quelques respirations profondes et visualisez un endroit où vous vous sentez complètement en sécurité et en paix. Conservez cette image et laissez sa chaleur vous envelopper.

À la découverte des refuges

Pensez à la première fois où vous avez trouvé un espace sûr où vous vous êtes senti véritablement accepté et compris. De quoi s'agissait-il et quel impact cela vous a-t-il impacté ?

L'essence de la sécurité

Quels éléments ou qualités font qu'un lieu ou un environnement vous semble vraiment sûr ? Énumérez-les.

Sécurité de l'artisanat

Réfléchissez aux moments où vous avez pris des mesures pour créer un environnement sûr pour vous-même ou pour les autres. Quelles ont été vos motivations et comment cela s'est-il concrétisé ?

Espaces sécurisés communs

Avez-vous fait partie de groupes, d'organisations ou de rassemblements LGBTQ+ qui ressemblaient à des sanctuaires ? Décrivez vos expériences et l'importance de ces communautés.

Défis et obstacles

Y a-t-il eu des moments où vous avez cherché la sécurité, mais où des barrières vous ont fait obstacle ? Comment les avez-vous surmontés ou surmontés ?

Accompagnement à la Création

Pensez aux personnes qui ont joué un rôle déterminant en vous aidant à créer ou à maintenir des espaces sûrs. Quelle a été leur contribution et qu'avez-vous appris d'eux ?

Espaces en évolution

Au fur et à mesure que vous avez grandi et changé, comment vos besoins ou votre définition d'un espace sûr ont-ils évolué ? Que cherches-tu maintenant ?

Visions pour l'avenir

Imaginez un monde où les espaces sûrs sont omniprésents et où chacun se sent libre d'être lui-même. À quoi cela ressemble-t-il et comment pouvez-vous contribuer à en faire une réalité ?

Les espaces sûrs sont essentiels au bien-être mental, émotionnel et spirituel. En réfléchissant à votre relation avec de tels environnements, vous honorez leur valeur et vous vous donnez les moyens de continuer à les défendre pour tous. Revisitez cette section chaque fois que vous avez besoin de renouer avec l'essence de la sécurité et de l'acceptation dans votre vie.

Pleine conscience et bien-être mental

EXERCICES QUOTIDIENS DE PLEINE CONSCIENCE

La pleine conscience est l'art de rester présent et à l'écoute de nos émotions, pensées et sensations à un moment donné. Pour la communauté LGBTQ+, la pleine conscience peut fournir une base, en particulier lors de la navigation dans diverses émotions et expériences. Ces exercices sont conçus pour assurer le bien-être mental et vous aider à vous aligner sur votre moi authentique.

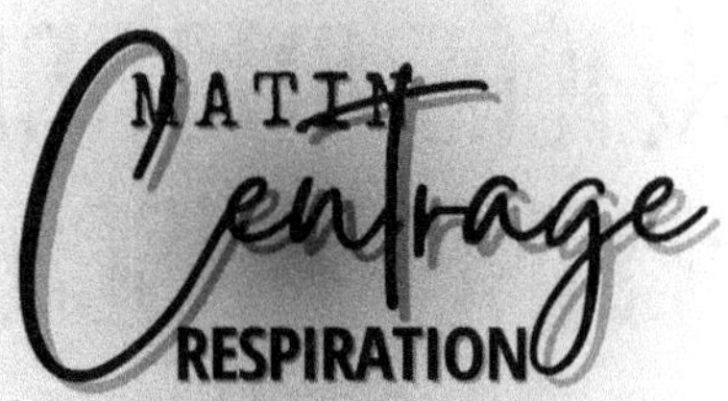

Position

Asseyez-vous confortablement dans un espace calme, le dos droit, les mains posées sur vos genoux.

Respirer

Inspirez profondément par le nez en comptant jusqu'à quatre.

Prise

Faites une pause et retenez votre respiration en comptant jusqu'à quatre.

Exhaler

Relâchez lentement votre souffle par la bouche en comptant jusqu'à six.

Refléter

Faites ce cycle cinq fois. À chaque respiration, visualisez-vous en train d'abandonner toute anxiété et d'absorber une énergie positive.

Pause

Trouvez un moment de calme pendant votre journée.

Liste

Pensez à trois choses pour lesquelles vous êtes reconnaissant en rapport avec votre parcours LGBTQ+.

Reconnaître

Reconnaissez la croissance et la compréhension qui ont découlé de ces expériences.

"Profitez des petites choses, car un jour, vous pourrez regarder en arrière et réaliser que c'étaient de grandes choses."

Robert Brault

Lorsque vous vous sentez dépassé :

Voir

Regardez autour de vous et nommez cinq choses que vous pouvez voir.

Touche

Reconnaissez quatre éléments que vous pouvez toucher ou ressentir.

Entendre

Écoutez attentivement et identifiez trois sons.

Odeur

Reconnaissez deux parfums autour de vous.

Goût

Reconnaissez un goût, peut-être en buvant une gorgée d'eau ou une collation.

ENREGISTREMENTS ÉMOTIONNELS

Les enregistrements émotionnels servent de points de contact, vous permettant d'évaluer et de comprendre votre état émotionnel à différents moments. Cette pratique encourage la conscience de soi, la validation des sentiments et la reconnaissance des schémas.

Être régulièrement à l'écoute de vos émotions aide à mieux vous comprendre, à prendre des décisions éclairées et à favoriser une connexion profonde avec votre moi intérieur. Au fil du temps, ces enregistrements émotionnels peuvent servir de guide, vous aidant à traverser les défis et les joies de la vie avec résilience et authenticité.

JOURNAL ÉMOTIONNEL QUOTIDIEN

État émotionnel actuel
Décrivez en un mot.

Sensations physiques
Des tensions, des relâchements ou des sensations particulières dans le corps ?

Pensées d'accompagnement
Qu'est-ce qui vous préoccupe qui pourrait influencer cette émotion ?

Déclencheur possible
Y a-t-il eu un événement, un commentaire, une interaction ou un souvenir qui a déclenché cette émotion ?

Besoins et désirs
De quoi avez-vous besoin ou souhaitez-vous en ce moment pour soutenir cette émotion ou la déplacer ?

Affirmation
Écrivez une affirmation positive pour vous-même. (par exemple : « Mes sentiments sont valables. »)

RÉFLEXION ÉMOTIONNELLE HEBDOMADAIRE

L'émotion la plus récurrente
Quelle émotion est apparue le plus cette semaine ?

Moment émotionnel le plus fier
Quand vous êtes-vous senti particulièrement fier ou satisfait de la façon dont vous avez géré une situation émotionnelle ?

Moment émotionnel difficile
Quelle situation était émotionnellement difficile ?

Actions de soins personnels
Énumérez 3 choses que vous avez faites cette semaine pour prendre soin de votre bien-être émotionnel.

Intentions pour la semaine prochaine
Fixez 1 à 2 intentions de santé émotionnelle ou mentale pour la semaine à venir.

> " Jusqu'à ce que vous rendiez l'inconscient conscient, il dirigera votre vie et vous l'appellerez le destin. "
>
> Carl Jung

APERÇU ÉMOTIONNEL MENSUEL

Émotion émotionnelle
Quel jour ou quel événement a été un moment fort sur le plan émotionnel et pourquoi ?

Faible émotionnel
Quel jour ou quel événement a été difficile et qu'en avez-vous appris ?

Système de support
Qui vous a soutenu émotionnellement ce mois-ci, et comment ?

Gratitude
Énumérez 3 moments de croissance émotionnelle ou personnelle pour lesquels vous êtes reconnaissant ce mois-ci.

Regarder vers l'avant
Un objectif ou une intention pour votre bien-être émotionnel pour le mois à venir.

> "L'émotion est la source principale de tout devenir-conscient. Il ne peut y avoir de transformation des ténèbres en lumière et de l'apathie en mouvement sans émotion."
>
> Carl Jung

TROUVER L'ÉQUILIBRE

En tant qu'individu LGBTQ+, il y a un parcours unique pour intégrer son identité à divers rôles dans la vie, que ce soit en tant que membre de la famille, professionnel, ami ou membre de la communauté. Bien que votre identité LGBTQ+ soit une partie importante et intrinsèque de qui vous êtes, il est essentiel de trouver un équilibre où elle n'éclipse ni ne minimise les autres facettes de votre vie. Cette section propose des exercices de réflexion pour vous aider à naviguer et à harmoniser ces aspects entrelacés.

DIAGRAMME DE VENN PERSONNEL

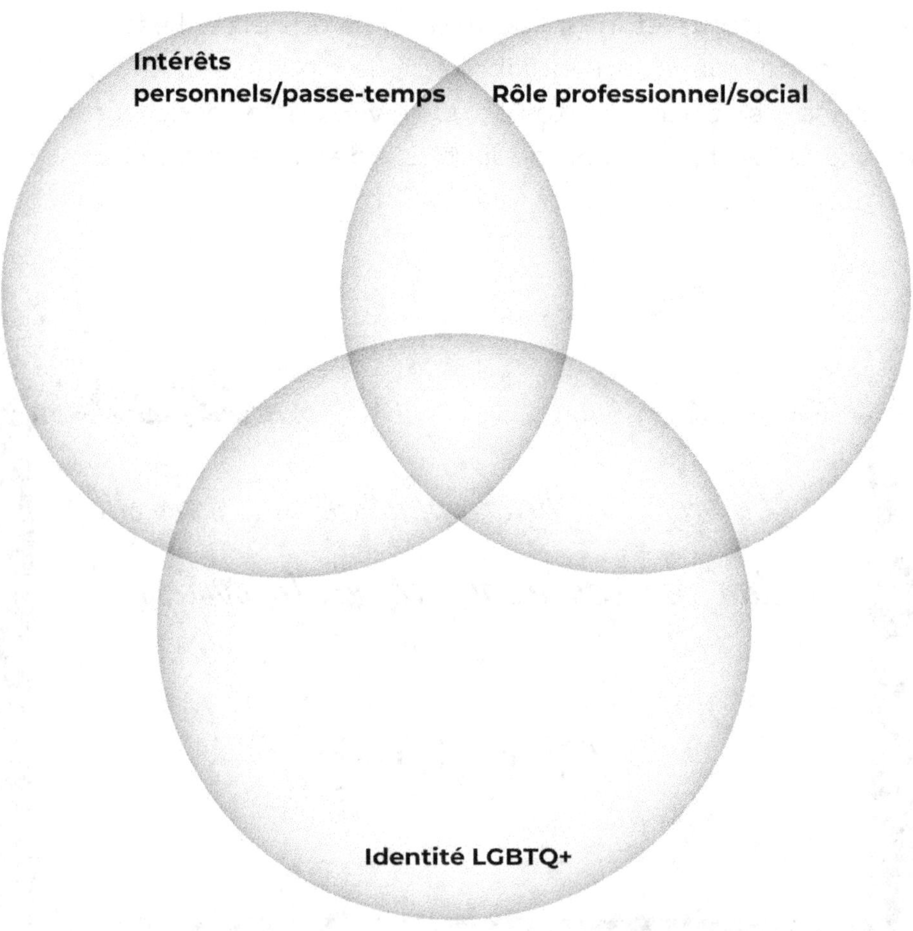

Dans les sections qui se chevauchent, notez les expériences ou les sentiments qui appartiennent à plusieurs cercles. Par exemple, un moment où votre identité LGBTQ+ et votre rôle professionnel se croisent.

Moments décisifs

Souvenez-vous d'un cas où votre identité LGBTQ+ a influencé de manière significative une décision dans un autre domaine de votre vie. Comment te sentais-tu? Feriez-vous à nouveau la même décision ?

La vie quotidienne

Au quotidien, à quelle fréquence pensez-vous consciemment à votre identité LGBTQ+ ? Comment influence-t-il vos interactions, décisions et sentiments quotidiens ?

Harmonie des rôles

Y a-t-il des rôles ou des responsabilités dans votre vie pour lesquels vous sentez que vous devez « atténuer » ou amplifier votre identité LGBTQ+ ? Qu'est-ce que vous ressentez et comment gérez-vous cela ?

Intérêts personnels

Pensez à un passe-temps ou à un intérêt qui vous passionne. Comment votre identité LGBTQ+ joue-t-elle un rôle dans cet intérêt, voire pas du tout ?

Croissance au fil du temps

Y a-t-il des rôles ou des responsabilités dans votre vie pour lesquels vous sentez que vous devez « atténuer » ou amplifier votre identité LGBTQ+ ? Qu'est-ce que vous ressentez et comment gérez-vous cela ?

Affirmations pour l'équilibre

Notez 3 à 5 affirmations qui vous interpellent concernant l'équilibre de votre identité LGBTQ+ avec d'autres facettes de la vie.

Équilibrer les multiples facettes de l'identité est un voyage évolutif, avec des moments de clarté et des défis. Ces exercices visent à vous aider à réfléchir, à célébrer et parfois à recalibrer la manière dont votre identité LGBTQ+ s'harmonise avec d'autres aspects de votre vie.

Symboles, synchronicités et croissance

SYMBOLES LGBTQ+ ET LEURS SIGNIFICATIONS

Les symboles sont depuis longtemps des outils permettant aux communautés de se représenter et de se reconnaître. La communauté LGBTQ+ est riche de symboles qui capturent son histoire, ses luttes et ses célébrations. S'engager avec ces symboles peut offrir un lien plus profond avec la communauté et une compréhension du voyage partagé.

"Les symboles, de par leur nature même, peuvent unir les opposés de telle sorte que ceux-ci ne divergent plus ou n'entrent plus en conflit, mais se complètent mutuellement et donnent une forme significative à la vie."

Jung

Drapeau arc-en-ciel

Triangle Rose

Triangle noir

Lambda

Dessinez, imprimez ou collez des images de ces symboles LGBTQ+. À côté
de chacun, notez sa signification historique ou culturelle connue ainsi
que tous les liens ou sentiments personnels que vous y associez.

Résonance personnelle

Y a-t-il un symbole particulier qui vous touche profondément ?
Pourquoi ressentez-vous un lien avec ce symbole ?

Évolution des symboles

Comment avez-vous observé l'évolution ou le changement dans la
signification et l'utilisation de l'un de ces symboles au fil du temps ?

Créer votre symbole

Si vous deviez concevoir un symbole qui capture votre parcours personnel au sein de la communauté LGBTQ+, à quoi ressemblerait-il ? Dessinez-le ou décrivez-le.

Symboles dans la vie quotidienne

Pendant une semaine, soyez attentif à l'utilisation des symboles LGBTQ+ autour de vous, que ce soit dans la publicité, lors d'un défilé, sur les réseaux sociaux, etc.

Inscrire:

- **Le symbole que vous avez observé.**
- **Le contexte dans lequel il a été affiché.**
- **Votre réaction initiale et vos sentiments concernant son utilisation dans ce contexte particulier.**

Les symboles servent souvent de points d'ancrage ou de rappels. Ils peuvent nous élever, nous motiver et nous connecter à une communauté plus large. Dans cette section, réfléchissez à la manière dont ces symboles peuvent être intégrés dans votre vie quotidienne comme sources de force, de fierté et d'unité.

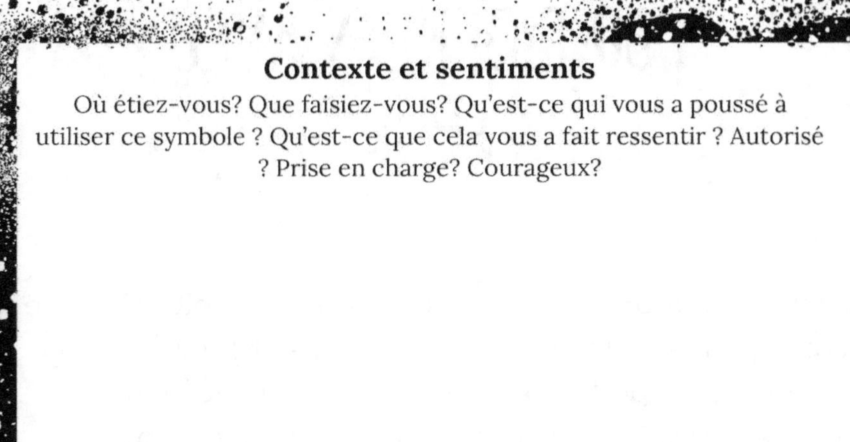

Contexte et sentiments

Où étiez-vous? Que faisiez-vous? Qu'est-ce qui vous a poussé à utiliser ce symbole ? Qu'est-ce que cela vous a fait ressentir ? Autorisé ? Prise en charge? Courageux?

Réactions

Comment les autres ont-ils réagi lorsque vous avez affiché ce symbole ?

Pensez aux moments de votre vie où vous avez utilisé ou affiché l'un de ces symboles. Peut-être que vous portiez une épingle arc-en-ciel ou que vous aviez tatoué un symbole sur votre corps.

COÏNCIDENCES AVEC SENS

La synchronicité, terme inventé par Carl Jung, fait référence à des coïncidences significatives qui semblent avoir une signification plus profonde, souvent personnelle. Pour la communauté LGBTQ+, ces coïncidences peuvent souvent servir d'affirmations, de repères ou de signaux de l'univers, notamment en période de découverte de soi, d'acceptation ou de plaidoyer.

"Les symboles sont le pont entre le monde intérieur et extérieur."

Carl Jung

JOURNAL DE COÏNCIDENCE

Date et heure
Quand cet événement s'est-il produit ?

Description
Détaillez l'événement synchronistique.

Sentiments
Qu'avez-vous ressenti quand c'est
arrivé ?

Importance personnelle
Pourquoi pensez-vous que cet événement était plus qu'un simple événement aléatoire ? Quelle signification ou connexion plus profonde cela pourrait-il avoir pour vous ?

Date et heure :

Description:

Sentiments:

Importance personnelle :

Dédiez un espace où vous pourrez noter toutes les coïncidences importantes qui se produisent dans votre vie.

JOURNAL DE COÏNCIDENCE

Date et heure

Description

Sentiments

Importance personnelle

Date et heure :

Description:

Sentiments:

Importance personnelle :

Motifs

Avez-vous remarqué des thèmes ou des schémas récurrents dans les synchronicités que vous avez vécues ?

État émotionnel

Y avait-il des états émotionnels spécifiques (par exemple, se sentir perdu, plein d'espoir ou avoir besoin de conseils) qui ont précédé ces événements synchronistiques ?

"*Le symbole est un corps vivant, animé par l'énergie qui le traverse.*"

Carl Jung

RÉFLEXION SUR LES SYNCHRONICITÉS PASSÉES

Pensez à une coïncidence significative de votre passé qui a eu un impact significatif sur votre parcours LGBTQ+, comme rencontrer une personne qui est devenue un mentor ou tomber sur un événement communautaire qui vous a semblé « chez vous ».

L'événement
Décrivez cet événement synchronistique passé.

L'impact
Comment cela a-t-il façonné ou influencé votre parcours ?

Regarder en arrière
Avec le recul, percevez-vous l'événement différemment maintenant qu'au moment où il s'est produit ?

À LA RECHERCHE DE LA SYNCHRONICITÉ

La croissance personnelle, notamment dans le contexte des expériences LGBTQ+, est un voyage unique et souvent intense. Chaque étape, qu'elle soit remplie de clarté ou de confusion, contribue au spectre vibrant de l'identité d'une personne. Cette section est dédiée à la reconnaissance, à la célébration et à la compréhension de ces étapes.

Pendant une semaine, devenez plus à l'écoute des murmures de l'univers. Chaque soir, réfléchissez à la journée et notez :

- Toutes les coïncidences, aussi petites soient-elles.
- Votre état émotionnel avant qu'ils ne surviennent.
- Significations ou messages possibles que ces événements pourraient véhiculer.

Réfléchissez à la manière dont ces coïncidences significatives peuvent être considérées comme des formes de soutien ou d'orientation, en particulier lors des moments difficiles ou à la croisée des chemins de votre parcours LGBTQ+. Comment la reconnaissance et la valorisation de ces synchronicités peuvent-elles renforcer votre sentiment de connexion, d'orientation et d'espoir ?

JOURNAUX DE JALONS

- Date : Quand cette étape a-t-elle eu lieu ?

- Description : Décrivez l'événement ou la réalisation.

- Sentiments : Quelles émotions avez-vous vécues ?

- Impact : Comment cette étape importante a-t-elle façonné ou influencé votre parcours ?

Date:

Description:

Sentiments:

Impact:

Un espace dédié à la journalisation des étapes importantes de votre voyage.

Date:

Description:

Sentiments:

Impact:

Date:

Description:

Sentiments:

Impact:

Réflexion

Pensez à un moment charnière de votre parcours LGBTQ+ qui a entraîné une immense croissance personnelle. Qu'avez-vous ressenti à ce moment-là ? Comment le percevez-vous maintenant ?

Reconnaissance

Énumérez trois choses que vous avez apprises sur vous-même au cours de votre voyage.

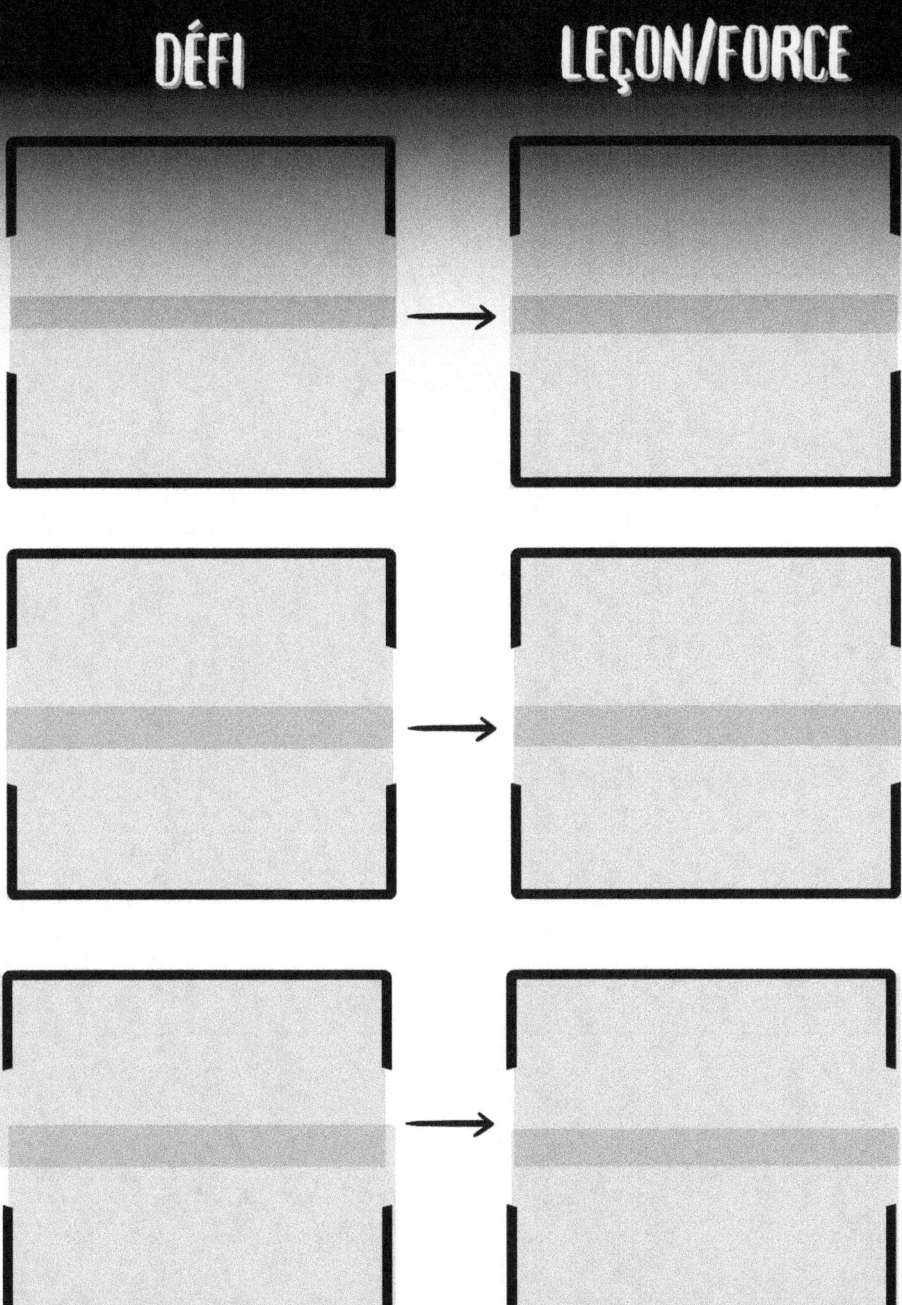

Il est essentiel de faire une pause et d'exprimer sa gratitude pour le voyage, même pour les moments difficiles, car ils ont façonné qui vous êtes aujourd'hui. Énumérez 5 défis auxquels vous avez été confronté. À côté de chacun, notez une leçon ou une force qui est ressortie de ce défi.

Si les mots ne suffisent pas, utilisez des couleurs, des croquis ou toute autre forme d'art pour décrire votre parcours de croissance personnelle. Laissez libre cours à votre créativité et ne vous laissez pas lier par les conventions. C'est votre histoire, dans votre teinte unique.

Célébration de soi

Terminez cette section en célébrant VOUS. Cela peut se faire par le biais d'une lettre d'appréciation de soi, de la création d'une liste de lecture de chansons qui définissent votre voyage ou de toute autre forme qui résonne en vous. N'oubliez pas que chaque pas que vous avez franchi mérite d'être reconnu et célébré. Offrez des mots d'encouragement pour votre futur moi.

CONCLUSION
<u>Célébrer le spectre</u>

En plongeant profondément dans les pages de ce journal, vous avez parcouru les paysages variés de vos expériences, sentiments et réflexions en tant que membre de la communauté LGBTQ+. L'acte de tenir un journal lui-même témoigne de votre résilience, de votre volonté d'introspection et de votre détermination à reconnaître et à chérir toutes les facettes de votre identité.

Réfléchir à votre croissance, c'est autant reconnaître les défis que vous avez rencontrés que célébrer les triomphes que vous avez remportés. Chaque page contient une histoire, un souvenir, un aperçu qui a contribué à façonner la personne que vous êtes aujourd'hui. Il est essentiel de regarder en arrière et d'apprécier les changements profonds, à la fois subtils et significatifs, qui ont eu lieu tout au long de ce voyage.

Mais ce journal n'est pas seulement un souvenir du passé ; c'est un phare qui vous guide vers un avenir plein de potentiel. À mesure que vous avancez, pensez à vous fixer des intentions. Quels sont vos espoirs pour l'avenir, à la fois en tant qu'individu et en tant que membre de la communauté LGBTQ+ dynamique ? Quelles mesures pouvez-vous prendre pour donner vie à ces aspirations ?

Chérissez ce journal comme témoignage de votre voyage. Revisitez-le chaque fois que vous avez besoin de vous rappeler votre force, la profondeur de vos expériences et les possibilités illimitées qui vous attendent. N'oubliez pas que le spectre de votre identité est vaste, diversifié et beau. Célébrez-le tous les jours.

MERCI

pour avoir obtenu ce livre et pour l'avoir mené jusqu'au bout !

Avant de partir, je voulais te demander une petite faveur.
Pourriez-vous s'il vous plaît envisager de publier un avis ?

Parce que publier une critique est le moyen le meilleur et le
plus simple de soutenir le travail d'auteurs indépendants
comme moi.

Vos commentaires m'aideront énormément !

>>Laissez un avis sur Amazon US<<

Le
travail
de l'ombre
pour les
adolescents
Un guide pour les adolescents et les jeunes adultes
pour surmonter les défis intérieurs, construire la
confiance et pratiquer l'amour de soi.
CALLIE PARKER

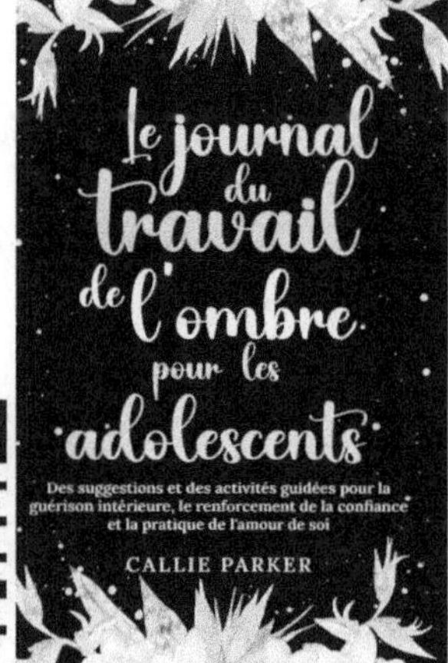
Le journal
du
travail
de l'ombre
pour les
adolescents
Des suggestions et des activités guidées pour la
guérison intérieure, le renforcement de la confiance
et la pratique de l'amour de soi
CALLIE PARKER

CALLIE PARKER
TRAVAIL
DE L'OMBRE
LGBTQ+
EDITION
Un guide pour la guérison
intérieure et l'amour
de soi

CALLIE PARKER
LE JOURNAL DU
TRAVAIL
DE L'OMBRE
LGBTQ+
EDITION

CALLIE PARKER
LE TRAVAIL DE
L'OMBRE
POUR LES COUPLES
Un guide pour renforcer votre relation,
construire la confiance et la compréhension,
et cultiver un amour durable

LE JOURNAL
DU TRAVAIL DE
L'OMBRE
ET LE CAHIER
D'EXERCICES
POUR LES COUPLES
CALLIE PARKER